SCOTTISH POETRY

SCOTTISH POETRY

FROM

MACGREGOR'S GATHERING

SELECTED BY

JIMMIE MACGREGOR
& STEPHEN MULRINE

BBC BOOKS

Published by BBC Books
A division of BBC Enterprises Ltd
Woodlands, 80 Wood Lane,
London W12 0TT

First published 1987

ISBN 0 563 20643 8

Typeset by Phoenix Photosetting, Chatham
Printed and bound in England by Mackays of Chatham Ltd.

CONTENTS

'THE LAVEROCK SPEERIT . . .'

'IN ANE VICE . . .'

'LOWSIN-TIME . . .'

GLOSSARY

PREFACE

The poems in this collection, the second of its kind to emerge from the weekly Writers' Workshop on BBC Radio Scotland's *Macgregor's Gathering*, represent a small fraction of the work we have received from listeners over the past year or so. They represent also a commitment to the continuing life of the Scots language, in its many varieties, and to a kind of traditional craftsmanship which can still deliver the goods. Most of our contributors, we believe, 'rhyme for fun', and there's plenty of that in the following pages, from Allan Law's not-so nonsense love lyric, to Janice Galloway's wicked parody of the school 'Practical Criticism' exercise. There is also a well merited concern for the state of the nation, and its language, in the work of Ian Anderson, Tom Rae, Angus Watson and others, directly or obliquely, but always drawing on that rich vein of humour so characteristic of our poetic tradition.

Yet when occasion demands, and inspiration responds, the writers' Scots can rise to an expressive power and seriousness the equal of anything in contemporary anthologies; in that respect the names of Kate Armstrong, Len Quinn, and Lilian Turner stay in the mind, and their contributions also demonstrate the linguistic range of the collection, from dense 'literary' Lallans to the speech of Shetland, stopping at Glasgow, Dundee, Aberdeen and Buchan in between. Nostalgic reminiscence, alongside bleak intimations of mortality, is also well represented, and it is hardly surprising that themes which have sustained poetry in Scots for generations should prove their staying power here.

This is a popular collection and not only in the sense of our expectations for it; it is virtually self-selected, being the best examples of our radio listeners' contributions from week to week, written in odd concentrated moments, discovering the rare pleasure of making a poem. Varied as are the poets, and their voices, it is that pleasure which binds these pages together.

JIMMIE MACGREGOR
STEPHEN MULRINE

A WRITER'S DILEMMA

I'd pen ye a poem, but I've little tae say;
My heid's like a toy shop wi tryin a' day.
My rhyme is a' wrang and the metre's a mess,
And lines oot o' scan are but jingle, nae less!

I runkle my brou and I scart at my croun;
I'm weary o' scribblin, it's time I lay doon.
Gin the Muse has desertit me – some ither time
She'll mebbe inspire me tae turn oot a rhyme.

JOHN BOYD
Newmilns

'SEE YOU SCOTLAND...'

THE EXILE

Walkin' da streets o' da hard, grey city,
Heid bent against da blusterin' wind,
Swingin' away ta da northward wad gae
Da compass needle o' mind.
A flutter o' paper-waste on a corner
Sends his thochts flyin'
To da far Blue Banks whar' tysties soar,
An' da lonely soond
O' scoories cryin'.

Da cauld electric's glare wad fade,
An' his haunds lowse doon da buik.
He's seein' da Tilley glowin'; he's
Back in his chair, in his nuik.
Eight a' clock's comin', da tea is a' ready,
Feet in da rivlins stretch ta da fire,
Paets fill da kishie, da big wheel is spinnin',
Dere's a stampin' o' baests
Pent safe idda byre.

Dimskaart wad be cloodin' da lift when he'd be,
Wark daen fir da day, gaen tae roost,
But his feet are crossin' da shoormill, he's
Turnin', aye sun-gaets, da boat frae its noost.
'Guid open da mooths o' da fish, lads!'
And he'd smile on da rattlin' auld tram.
Wi' his büddie on back, an' his waand in his haand
He's aff ta da eela
Wi' Lowrie and Tam.

LILIAN TURNER
Bearsden

A VIEW OF A MAP

See you Scotland,
Man, yir wild lookin' richt enough,
Aw wee ragged bits an' pieces
An' rearin' up like a demented demon.

Look, yon's the mooth,
Up there by Cromarty,
Wi' the jaws slaverin' islands
Efter aw that ile oot there!

An' yir back's aw spikes,
Like a Tyrannosaurus rex
Wi' the Hebrides a bit broken aff
An' jist hingin' oan an' nae mair.

Yir tail's got a sting as weel,
As if yon Kintyre an' Wigtoon
Are goin' tae whip roon
An' skite anythin' in their road!

The guts looks solid enough,
But it could aw be flab
Fur ye cannae tell whit's there,
'Least no from where Ah'm lookin'

An' it seems like yir strugglin'
An' no as smooth an' smug
As aw that rounded England
That yir jined tae!

Aye, on ye go,
Roar an' shake,
Ye never ken
Whit you could make!

Or are ye feart,
Despite aw the struttin' postures,
That ye couldnae dae yir stuff
Oot on yir ain?

Maybe ye're ower content
In yir cosy trap;
Go on, hiv a look
At yirsel on a map.

IAN ANDERSON
Newton Mearns

GLOAM

I lo'e the e'en oor
Whilk credles cark awa'
An' that whan the luggers ligg
By the laich sea wa';
Whan the auld grey loon
Creeps in frae the sea,
An' the ships sleep soun'
By the lown quay.

There's peace i' my hert
As day gangs doun the sky,
Whan the harbour lichts leam oot
An' nae seabirds cry;
Whan the nicht flann fa's
An' there's scarce a reesh
But the slumbran swaws
Seichan – wheesh, wheesh!

EDWARD B. RAMSAY
Rutherglen

CRUMMLED COATS

Ah git tae think times
when Colvilles it Carmyle,
Auchenshuggle, London Road, no
hauf went its mile.

Wher heard tell the tramp
who snuckled in the night
lookin oot ae a dookit,
back faur fae sight.

Tae wan raw mornin
crummled up in coats,
they fun his inner linins
stashed aw wi notes.

Tantamount tae hunners
so they say,
thit a simple big kafuffle
took aff withoot delay.

An church men, an press men,
men ae every creed,
made wi the patter,
an sent him goad speed.

Noo Colvilles coolin towers
ur photies jist tae see,
kept in King Street museum
unner lock an key.

CHRISTINA MILLS
Bishopbriggs

OLD MELDRUM

Old Meldrum
lies hauf-wey
atween Muckle Wordle
an Auchnagatt.

An that's the hale story;
there's nae mair taed
than that!

D. WILSON
Edinburgh

AUTUMN

A'tumn breathes an' blaws through the trees,
   fingerin' its wey through the reeshlin leaves.
Swallows in bourrachs mak ready tae flee
   wi tousled grey mists awa ower the sea.
A craw flaffers by like an aul raggy cloot
   an a shooer o starlins furls roon aboot.
They swirl an dive wi' ae single mind
   an the last shreds o simmer flutter behind.
The gagglin', stragglin' geese heid on Sooth
   tae jine peesies an whaups at the wide river's mooth;
   their keckle an clamour is clear like the air,
   ae guid nip o frost'll leave the trees bare.
Then the parks'll lie quaet 'neath the stars an the meen,
   an the sparkle o winter'll sprinkle the scene.

V. RENNIE
Glen of Newmill

THE WIDO'WUMMAN

Ye hunker i the bield o the Iles
Wi yer neb cockit northlins tae Norroway,
An the German Sea drives deep intae yer wame.
An ye mind me o a thrawn wido'wumman
Happit i yer ilka-day duddies.
Flash nyaffs an wumman-lowpars scunner ye,
Tho ye aye thole yer meantime bidie-in.
But skliffin aboot the hoose
Raisin the stour aff o auld photies,
Ye mind whiles o when ye wis a quine.
O how wi coats kiltit ye lowpit an liltit
An o how the billies cam speirin for ye.
An ye mind o yon whilie-syne day
Whan ye stude i yer white waddin-braws,
An were prood an graun an wumman-grown.
An ilka noo an then ye think:
'Mebbes wi the richt husban-man
A micht jist gie't anither birl.'
An the fowk gaein by i the rain
– Gin they tak a keek at the lift –
Get a sicht o ye leanin there,
Luikin ower the windae.
An the men start tae wunnerin whit for
Ye luik sae bonny the day.
While the weemen say it's a peety
Ye've naethin better tae dae
Than tae hing there a the forenoon,
Wi yon sappie smile on yer face.

ANGUS WATSON
Isle of Skye

HAIRST

Weel ahin's the langest day,
The birds are quaet, their hash is by.
The girss, lang shot, is birselt dry,
b' the heat o the burnin' sun.

The stirrin craps are gowden noo
patch'd in anent the neeps an ley.
Heath-claed hills 'neath daylicht's ray
shimmer in the heat o the sun.

The birlin' combine drones ower by,
nae scythers noo, nae sheaves tae bin,
nae human chatter, nae yarns tae spin,
machine alane glints by in the sun.

V. RENNIE
Glen of Newmill

WINTER TANKA

Howe o the year snaa
fleits intil the blin water
whaur saumon, snowkin
their forefowk's airt, aince hung;
bricht as cat-siller in a dream.

JOHN GLENDAY
Dundee

'IN THE EYES O' CHILDHOOD...'

WOODSIDE

Lang sunny simmers
Weel they seemed that wye
Climbin' in the widdie
Helpin' col the hye

Leadin' Jock the sheltie
Tryshtin' in the coos
Tryin' yer han' at milkin'
Sharn on yer shoes

Turnin' peats an' rowin' them
Hame tae stack an' shed
Haet milk for supper
Early tae yer bed

Playin' carl doddies
Up the Queenie Braes
Chawin' ein's o' girs stalks
Weerin' aul' claethes

Skirly for yer denner
Tatties, peel an' eat
Files pot roast rabbit
Wi' doughballs for a treat

Peelin' green rashes
Makin' witches' hats
Pu'in' breem for kinlin'
Playin' wi' the cats

Noo it's a' negleckit
Windaes smashed – an' teem
Bit in the eyes o' childhood
The best there's iver been.

HELEN M. MURRAY
Edinburgh

BREAKIN' RAINBOWS

He wis jist a wee lad
dibblin' in a puddle,
glaur fae heid tae fit,
enjoyin' haen a guddle.
He micht hae bin a poacher
pu'in salmon fae the beck.
He coulda bin a paratrooper,
swamp up tae his neck.
Maybe he wis breakin' rainbows
reflect't in the watter,
his ill-shod feet wid split the prism
an' mak the colours scatter.
Ony wey he wis faur awa'
deep wander't in his dreams;
it richt sober't me tae mind
a daub's no whit it seems.
An' while ah watched an' grieved
the loss that maks a man a mug,
alang the road fair breenged his Maw
an' skelpt him roun' the lug.

JANET PAISLEY
Falkirk

OOR NEW SCHOOL

It's a bonny biggin' – a braw sicht,
Wi' plinty licht an' colours bricht,
Wi' heated fleers the caul tae fricht,
We ken we're lucky bairns a' richt,
In oor new school.

They cam' an' filled up oor new ha',
There wis nae room for bairns at a',
Nor Mums or Dads or sic-like folk,
T' was a' the 'Coonty' cam' tae yoke,
At oor new school.

A mannie said some wordies rare
'This school is open – I do declare!'
An' we'd been in for a month or mair!
As much at hame gin we'd aye bin there,
In oor new school.

Syne they cam' tae gaup an' glower,
An' speir if twa an' twa mak' fower,
'Sic braw thingies ye've been makin',
'Sic cliver bairnies – nae brains lackin'',
In this new school.

They're awa noo – we are gled,
We'll tidy up – leave a'thing redd,
Then toddle aff hame tae wir bed,
Noo the Opening Day has fled,
Frae oor new school.

EVELYN M. WATT
Inverurie

THE BALLAD OF JANITOR MACKAY

I wis playin keepie uppie
in the street ootside the schule,
when Jock McCann's big brither
who's an idjit an a fule,

went an tuk ma fitba aff me
an he dunted it too hard
an it stoated ower the railins
inty the janny's yard.

Aw, Mackay's a mean auld scunner.
He wis dossin in the sun,
an when ma fitba pit wan oan him
big McCann beganty run,

an Mackay picked up ma fitba
an he looked at me an glowered
but I stood ma groond, fur naebody
will say that I'm a coward.

But when he lowped the palins
an he fell an skint his nose
I tukty ma heels an beltit
right up ma granny's close.

I could feel the sterrwell shakin
as efter me he tore,
an he nearly cracked his wallies
as he cursed at me an swore.

'O save me gran,' I stuttered
as I reached ma granny's hoose
fur Mackay wis gettin nearer
an his face wis turnin puce.

Noo, my gran wis hivin tea
wi Effie Bruce an Mrs Scobie,
an when she heard the stushie
she cam beltin through the loaby.

Ma gran is only fower fit ten
but she kens whit she's aboot,
'Yev hud it noo, Mackay,' I cried,
'Ma gran will sort ye oot!'

See the janny? See ma granny?
Ma granny hit um wi a sanny
then she timmed the bucket owerum
an he tummelt doon the sterr
an he landed in the dunny
wi the baikie in his herr.

Fortune changes awfy sudden –
imagine he cried *me* a midden!

(I goat ma ba back but.)

MARGARET GREEN
Glasgow

THE SABBATH BRAKFAST

In front o' the fire, ae Setterday nicht,
Fin the sough o' the wind wisna canny;
Far the lamp wis lit an' the door shut ticht,
There wis sat a wee loon an' his granny.

She wis fair thrang, as she knitted a sock,
Sammy yawned ow'r the book he wis readin'.
Said Gran, fin she heard echt strike on the clock,
'Aff tae bed noo, for sleep's fit ye're needin'.'

'The morn, gin we're spared, we'll hae eggs an' ham.'
The wee face fell, the picter o' pathos,
'An' if we're nae spared,' said a woefu' Sam,
'Will there jist be plain porridge for baith o's?'

ISMA MUNRO
Invergordon

SCOTTISH CERTIFICATE OF EDUCATION

this poyum
what the poyum says
this poyum we huv read
it tells yi
what the poyit thingks aboot
the THEME thats in this poyum.

the poyit used
UNUSUAL WORDS
with SIMILES and stuff
thur wuzza METAPHOR as well
a thingk the end wuz
very APT.

the poyit mustuv
thungk fur ages
choosin aw the wurds
coz itwuz
hard ti get the drift
but when yi did yi got the
MEANIN
and the
MESSAGE made yi thingk.

a liked this poyum.

a wid like ti
read more by this
AUTHOR.

JANICE GALLOWAY
Irvine

THE LIBRARY

Wheesht and tak ma haun
Ye canny run onie way ye can
In this wrappin quait buildin
I cudny stap ma shaes clickin
Wheesht said the wumman ahin the desk
Oh my wit a place

Roun and roun I gae wi ma maw
I was bumbazed at wit I saw
Lades o' buiks on ghaists and doulies
O' them stories I felt oorie
I'm juist gon owre here and hae a peep
Oh my wit a place

This is braw a sicht o' the warld
Wi every page it unfurlled
O' these odd places I'll never gae
I wunner if there's mair ti see
Een shut, birl roun, awa ti see some mair
Oh my wit a place

Mathematics, wit is thon, I wunner
Flickin the pages, wit a scunner
Nummers, speirs, no a read ahin the pawns
Bung, the buik fell oot o' ma hauns
Wheesht, said the wumman ahin the desk
Oh my wit a place

Whaur hae yi been, come owre wi me
Ti the desk we went the wumman ti see
Bung click, bung click, bung click it went
Stampin the buiks ma mither was lent
Doonstairs, ootside, bletherin a' the time
Oh my wit a place.

LINDA STEEDMAN
Kirkcaldy

PART O'THE WRECKAGE

Thi went oan aboot everythin
frae tram caurs tae Heaven.
Bein a devout atheist
he never stoapt explainin;
a wis caught between the Pieman
an a penny fur The Band O' Hope.

Sundays began the night before;
wi wur scrubbed in carbolic
and examined for 'things'.
Mother had lived in the Manse;
her social pretensions stemmed
from a rod of pious ravens.

Da's idea o The Pearly
made St Mungo's dreich.
Lenin wid be dossin
by a fountin o red
efter the Elders goat soartit;
the Brithers needed nae signal
fur the cannons tae roar.

MAUREEN MACNAUGHTAN
Rafford

THE SCHULE

Ah'm jist awfu' scunnert
Wi' bein' at the schule,
An' ah often mak oot
That ah'm feelin' quite ill.

It's no' bad gaun up there,
An' it's great comin' back,
It's that long bit between
That ah jist cannae tak.

Wi' nummers an' letters
Ma heid fair goes roon.
If ah'm no' coontin' up
Ah'm writin' things doon.

An' wha won whit battles,
An' whit years, an' where,
An' whit kings were croon't,
As if ah could care.

An' yon daft lookin' maps
Where a toon is a dot
Wi' a' thae queer names
That are easily forgot.

An' whit's a' the use o' it,
Where does it a' lead
When ye're walkin' aboot
Wi' these things in yer heid?

Ah'm shair nae yin asks ye,
'Here, tell me this, noo,
Wha won at Culloden?'
Or, 'Whit's twelve times two?'

But a' this prepares ye
For work, so they say,
But there's nae work aboot here
That ah'll ever dae.

Ah've got twa big brithers
An' a sister forbye.
They jist cannae fin' work
Hooever they try.

Naw, society's no' needin' me
But the schule does, it seems.
Oh, ah weesh a' the schules
Had redundancy schemes.

Ah wid volunteer quickly
Fur ah ken ah'm no' fit.
Naw, the schule's no' fur me
An' ah'm no' for it.

ARNOLD O'HARA
Ayr

GLEID GIFT

What'll we dae wi' it,
The great sonsie gowk?
Auntie's 'wee mindin'
Fair deaves us fowk.

Settin' on the room flair
It wasna sae thrang,
Syne Granny's zimmer
Coup't it wi' a bang.

Plonkit on the stair heid
It spread oot braw –
We couldna get past it
Ony wey at a'.

Mebbe in the bathroom
The thing'd look posh.
Trouble is, we widna
Hae space tae wash.

My room's ower fu'
Wi' a' my gear.
Ma's fashed aboot it
Makin' mair steer.

Ae day we thocht we'd
Dump it in the bin.
Nae wey! We couldna
Stuff it a' in.

Pair thing, it's droopin'
Hearin' us rant.
Monstera Thing'my
Muckle Cheese Plant.

MARGARET THOMSON
Perth

'LOVE AND ALL THAT NONSENSE...'

TAM

Ma mither disnae like ma Tam.
'He's coorse', she says, 'gey coorse.
He went an' broke ma cheeny cup,
Yin o' ma waddin' set.
It cost me near twa pun' tae hae yin made tae match.'

Ma mither disnae speak tae Tam.
Ma faither does.
He says, 'Aye, Tam,' an' Tam says, 'Aye, Glengairn,'
An' kens ma faither wants
The in-bye field first biggit come the hairst.

Ma mither disnae ken ma Tam.
She sees the plooman's sark, that's a'.
She hasnae seen him gentle wi' the yowes,
Nor hoo the frichtit cheepie in his haun
Stoppt flichterin' an' cooried doon.

Ma mither says she's vexed fur me,
But oh, Ah'm vexed fur her.
She kens the price o' a' thing at the roup,
But hasnae learned the worth o' ocht
Ayont a cheeny cup.

CHRIS M. MACKAY
Edinburgh

A' THE WEY FAE DYSART

He cam a' the way fae Dysart,
ah heard the widdi-wumman say.
A' the wey fae Dysart, an
it sic an awfy day.

He cam a' the wey fae Dysart,
three mile through slush an snaw.
A' the wey fae Dysart, min,
tae see a freend awa'.

He cam a' the wey fae Dysart,
this stranger fae the past.
A' the wey fae Dysart, jist
tae prove that freendships last.

He cam a' the wey fae Dysart
tae show that he still cared.
A' the wey fae Dysart, in
remembrance o' pleisures shared.

He cam a' the wey fae Dysart,
jist tae staun ower Wullie's grave.
A' the wey fae Dysart, tae
gie Wullie wan last wave.

He cam a' the wey fae Dysart,
an nane ill o' him wid say –
especially Wullie's widdi-wumman, fur
she merrit him next day!

D. WILSON
Edinburgh

XWORDS (2)

you tokinti me?
you tokinti
scuse ma french amean
words urny ma forte but
if yi dont mind me sayin
no meanin this cheeky like but
ifyi take ma tip
take ma advice
ifyi want ma HONEST opinion
SON
uv what a thinkiv yir
PATHETIC proposition ti a
grownup wumman that kid
CHEWYI uppan SPITyi
withoot thi bothiruv
puttinur TEETH in

see what ad DO son
what ad DO
is bifore a loss thi rag COMPLETELY yill
rearrange these words intia
wellknown phrase ur sayin

before a beat yur CLOCK in.

JANICE GALLOWAY
Irvine

THE HORNIE-GOLACH

When the Lord created Heaven and Earth
He did the wark richt brawly.
Sae hoo in a' the wide, wide warld
Did he mak the creepie-crawly?

My hert gaes oot tae the hawk in the lift,
Tae the fishes in the sea,
But the love o' the hornie-golach
Is no' for the likes o' me.

There are some o' God's craturs I can lo'e
And ithers that I may thole.
It grieves me that o' Creation's wark
I canna lo'e the whole.

I maun try my Makar's patience,
For I'm awfu' slow tae learn
Tae lo'e a' men like my brithers
An no' wish the wicked herm.

'Tae ken a's tae forgi'e a','
I've heard, and maun tak heed,
But it's hard tae cry doon God's benison
For purveyors o' spite and greed.

Sae come you here, Wee Hornie
Na, dinna skitter awa',
And I'll admire your six braw legs,
If ye'll forgi'e my twa.

EDITH M. BUCHANAN
Lenzie

TELLIN' YOU

See me, I'm a rapist,
get it wi' ma fist.
See women, a sair face,
let's 'em know their place.
See polis, smirkin' nancies,
they a' fancy their chances.
See judges, they kin see,
wan short step an' they'd be me.
See Ministers, makin' law,
ken women's meant fur it, an' that's a'.
See the man, says he wouldnae try,
he's tellin' a lie.

JANET PAISLEY
Falkirk

THE FIRST DATE

Eh me' 'im at the dancin' and I thoucht richt fae the
    start,
Wi' this handsome lad eh didna stand a chance,
But the fates wir on mi side, as the band struck up a
    tune,
'Cause he crossed the flair an' asked me up to dance.

He wiz like a filum star, wi' hees Tony Cur'is hair.
An' his bee'le crusher shoes o' navy blue,
Then he sed the majic wurds 'Kin i' tak yi' up the
    road . . .
Eh'm fae Fintry, is that enywhar near you?'

Jist a lass o' sweet sixteen, but eh felt jist like a queen,
As we sauntered oot the dancehall tae the street,
There wiz no' much conversation . . . the strong and
    silent type
Jist like Elvis, an' he swept me aff mi feet.

Well, he took me ti mi door, an' he asked me fur a date,
'Eny plans for Friday evenin?' said mi beau,
'We kin meet at Samual's coarner, aboot seeven wid be
    fine,
Then wi'll mak wir minds up whar wi want ti go.'

A' tha' week eh walked on air, ironed mi frock and
    washed mi hair,
Efter a' this wiz mi furst real hivvy date,
An' come Friday a' aglow, eh set oot ti meet mi beau,
Laving early, so eh widna git there late.

There eh stood aneath the clock, in mi freshly ironed
    frock,
A' excited wi masel an' feelin' chuffed,
Half past seeven, he wiz late, there wiz still nae sign a'
    eight,
Frozen stiff, eh turned ti go, eh hid been duffed.

Broken herted, hame eh went, an' mi mither sed she
  kent
How a' felt, but eh'd git ower it in time,
Well eh did, but there's nae doot, *now* when fellahs ask
  me oot,
Eh say, 'pick me up at meh place', ivery time.

SANDRA SAVAGE
Dundee

TAE A ROSE

Poets aye go on aboot the rose
An' whit its beauty can aa' mean,
But to me, it's a daft floo'er;
It cairries on bloomin'
When it's snell and cauld
Wi snaw deep on the grun'.
It looks awfy brave and sonsy
But its hert's molderin' awa'
An' gin ye touch it – the petals fa'.

I dinna ken hoo to stop luvin'
My man . . .
I'm as glaiket as a rose.

W. BURNETT
Edinburgh

IN MARRIAGE

Dae you see ma man,
Comin in frum his work like,
Mince and taters,
A look at the papers,
Watchin TV,
Wi the weans an me.
That's jist whit A like.

Dae you see ma man,
When he's paintin the hoose, right,
Evrythin cleart,
The weans dead feart,
Shoogly steps,
A'm takin bets
We'll end up in a fight.

Dae you see ma man,
Cum a odd Friday night, 'strue,
Been oot wi the boys,
Oh, whit a noise,
Wants a wee cheeper,
Pit his gas in a peeper,
Whaur's the Barrs Irn Bru?

Dae you see ma man,
When we're gaun tae ma maws, fine,
Says he'll no swear,
Or act like a bear,
No kick the dug,
Even gie her a hug,
Mind we're home afore nine.

Dae you see ma man,
When he's gaun tae a meetin, well,
Collar an tie,
Oh me, oh my,
Needs a clean hanky,
An his nails ur aw manky,
He can still look a swell.

Dae you see ma man,
When A'm trachled an weary, aye,
A wee cup a tea,
Cooterin me,
The dishes aw redd,
The weans pit tae bed,
He's no a bad guy.

Dae you see me masel,
Och, A merrit him, well.

ANDRINA CONNELL
Inchinnan

MITHER'S NICHT OOT AT THE RURAL

Wheesht! Wheesht! Wull ye shut yer wee mou
An' steik yer blue een fan yer at it;
An oor or twa's sleep wad unfurra yer brou
If only bit eince ye wat lat it.

Ye've deen naethin' bit squalloch an' greit an' girn
Syne the meenit yer Mither gid oot;
Yer hippens are wringin', yer beddin's a kirn,
Yer a thrawn wee flochtersome troot.

It's nae's if I hidna deen aathin' she said,
Ye've bin sang tae, bin tapped an' bin tailed;
The preen's pit in sidewise, I het up yer bed,
Ye've bin poudered an' puffed, ye've bin kailed.

Fat is't aboot me 'at mak's ye aye
Cairry on till sic a lik' hicht?
F'methinks the tiggy jist tak's ye aye
Fan yer Mither gings oot for the nicht.

Ye wad think 'at b'nou ye'd begin tae jalouse
'At she aye comes back hame tae 'er bairn,
Fan she's hid 'er fill o'cleckin an' news
At the Rural doun by Fettercairn.

Wi' oot'n a dout yer a full-time job
Mair lik' time-an'-a-half. Heavens Sake!
Wi' a pick an' a spad' I can mak' a fyow bob
Bit fur wrastlin' wi' ye . . . nae a maik!

Dyod man! Dyod! Wull ye listen tae 'at?
In the hale o' ma thirty-acht simmers
'At's the greitinest greit I've ivver hard grat,
Quait quine or ye'll rax yer intimmers.

Bit fat beats aa, is ye aye seem tae twig
Fan yer Mither is due in-aboot:
F'ye tine yer ill-teen an' trammul yer tig
'S if a scrauch ye'd nivver lat oot.

As seen's ye harken 'er fit on the road
Bit afore she gats tae the door,
'S sheer's fate, yer stairtin' tae nod
An' b'aathin' 'at's twa-faced, ye snore!

It's aye the same . . . as it wull be the nicht,
She'll be nae seener hame than she'll say it,
'Och, I'm fair fine pleased 'at ye managed a'richt
An' I'm ower the meen she's been quait.'

Sae coorie doon, the nicht's weerin' deen,
Ther's yer Mither's fit on the cassie!
Yer oot lak a licht! Ye've steikit yer een!
Contermashious!! . . . bit bonny wee lassie.

CHARLES H. BAIN
Bishopbriggs

THE BARGAIN HUNTER

Jeannie an' Mysie an' Maggie were chattin'
Doon at the end o' the street, yack-yackin';
Talk aboot everything under the sun,
Then back tae subject number one.

Mysie wis known as the bargain hunter;
Her tips were the best o' any punter.
The best buys in toon – if a price wis 'knocked-doon',
Mysie wis yin o' the first aroon.

So their lugs flappit up as she tellt them the tale
O' the bargain buys at the latest sale.
An' Jeannie an' Maggie were ettlin' tae go
First thing in the mornin' tae join the show.

Then roon the corner cam 'Soor Dook Sam'.
(The by-name gied tae Mysie's man.)
An ill-gavoured, gurly, thrawn wee devil
That naebody ever kent tae be ceevil.

'Fine day!' said the wifies as he drew near,
But he glumphed as his mooth drew in wi' a sneer.
An' Mysie sighed as she convoyed him hame,
An' thocht, 'Twas an ill day I took his name.'

'Aye,' Maggie remarked, lookin' ower at the pair –
'She didnae get much o' a bargain there!'

MARGARET OSOBA
Thornliebank

LOVE AND ALL THAT NONSENSE

Trungle pike said I tonight with thoughts of you in
   mind,
Chantie poo thought you o'me, I'm no that wey
   inclined.

Tae wachle oan wi' sic-like thoughts Ah widnae be
   forfochen,
Syne munelicht breenges o'er the braes we'll rush it
   past the lochan.

Cunna mulla came to me before the dawn wis risin
and o'er the dry and dusty plains the extent o it was
   surprisin.
Fae here tae there and hearty the rejoicin was
   suspended
oh ah, oh ah, an' ho ha ha rang out before we'd ended.

The glaik wis up richt early next morning wae the
   news,
'Wid aw the wabingoshers mak their way to stations
   youz.
22 and 24 sed sheonaid tae the boatman
A Borealis every nicht, Ah'll tak the flamin' lot man.

ALLAN D. LAW
North Connell

'THE LAVEROCK SPEERIT...'

MARY

The hoose door shoogles. She's iled it fer the skirl
O the girnin hinge, but it swings aye.
Ilka day she howders wi a sey tae the wal
In the yaird ootbye.

Orra sma-fittie baists fimmer an flirr
On her flagstanes. Sea-maws twirl mirligo.
A peat-stack's cowped aroun the door.
Scarts breenge ablow.

Says her brither-son, in the mercat toun,
Wi a smilin, three-years' bride,
Affen we've axed her, wid she no come doon
Tae us tae bide.

Twa thousand on a new piano she's spent,
Her age, an nae electric. Wis it needed?
The auld yin wis feenished, richt eneuch, we kennt.
We werena heeded.

Hornshottle croftlaund, whaur the wind sings tae the gress
At catches the yett's fingers; whaups cown.
Black-broukit music sheets scouk in the press.
When the lift's lown

Frae the Tilley lamp, an the stour hauds its braith
Fer the lid's liftin, sae she sits doon,
Donnerin the hert o her sma warld's graith
Wi the steerin soun,

Forleit her echty year; mind o the laverock speerit,
On skinklin keys her yird-broon fingers fleein,
Biggin a siccar hoose, aye biggin forrit
Ayont time, ayont dreein.

KATE ARMSTRONG
Dundee

ETTLE OTTLE

My granny ayeways wanted sair –
The lack o' it gart her greet –
Tae posh her parlour up a bit
Wi' a braw new three-piece suite.

My mither when she mairrit Pa
Had her sofa an' twa chairs.
She fretted maist for cairpeting
Tae be fitted on the stairs.

When my shot came I ettled aye
For a chance tae prink and preen
By showin' aff tae a' my freens
A paid-up wash'n machine.

My dochter has a spankin' hoose
Wi' a' they things an' mair.
It's warm an' snug an' canty-like,
But the lassie isna there.

She's aff tae jine a kind o' mairch
An' ta'en her bairnies tae.
They'll sing their anti-nuclear sangs
An clap an' dance an' pray.

She's raikin' for a better world,
A future tae hae faith in,
Else a' she has she winna need –
Nae hoose, nae gadgets, naethin'.

Her ain wee lass maun hae the richt
Tae tak' her life for granted,
Be sure the world's nae gaen tae end –
An' she micht get what she wanted.

MARGARET THOMSON
Perth

43

HEALERS' CANTRAIPS

Fur me eternity wis aye
keekin thru Nature's door;
I thocht I wid jist curl in Goad's haun
an wauk as a flutter-by.

Insteid they gied tae me a stane
an a rootless, stemless floo'r.

The floo'r I kent fine – useless luve –
already it wis dyin
but still I kisst the blushin tip,
sweet perfume replyin.

The stane wis heavy wi the past
I chappt it wary-like –
it split tae gemstanes, coorse, unpolisht:
haunless workman fit tae nocht.

It wis a feckless, empty day
the attic wisnae steekit;
I hed nae key, naethin but time:
door snecked in ahint.

Healers' arts unlocked the door
noo ma heirt kens ma ain;
I speir tae tell the jools frae junk
an the hills are fu o stanes.

ANN BAIN
Crossford

THE SAIT

Wabbit auld wummin
Wae a scarf oan hur heid.
Ahint, hur wee dug
Trailin its lead.
They stoap ett a sait
Scarted oot wae initials an names.
Och, wull stoap furra meenit, dug,
Afore we gae hame.
Dug streitches oot
Heid oan its paws.
Wummin jeest sags
Stares ett the craws.

Man wae a limp
Blin in wan eye
Says hullo tae thame baith
An passes oan by.
Boay comes alang
Eatin chips oota poke
Geez thum baith some
Cracks a wee joke.

Dug sniffs the grun
An chip-odoured air.
Wummin loosens her scarf
Pits hur haun thru her hair.
Wean an its maw
Stoap an blether a while,
Say cheerio wae a wave
An a smile.

Wummin luks roon
The girn's left hur face
Wull jeest stey a while yet, dug.
This is an awfa guid place.

DANIEL MCAREE
Glasgow

AH'M FEART

Ah'm feart!
Fit wye dis yer heid ging wrang?

Ah've vrought hard a' ma life
Lent a han' fin needit
Bit Ah'm feart.
Fit wye dis yer heid ging wrang?

Ma faimly's guid tae me.
Ah coont ma blessins.
Still Ah'm feart.
Fit wye DIS yer heid ging wrang?

Ah'm warm an' comfortable –
Carpets wa' tae wa'
Nae like Granny
Wi' her steen fleer an' clootie rugs
Bit MY heid's gyan wrang
an' Ah'm FEART.

HELEN M. MURRAY
Edinburgh

THOUGHTS ON THE 'FLU

I'm lyin' here, abed wi' 'flu,
Neb fair streamin' – throbbin' broo –
Skin a' sweatin', canna sleep,
But no' a sowl comes in tae peep –
Tae see I hinnae passed away,
Nae mair tae see the licht o' day!

It's funny whun ye're gran' an' fit,
There's aye folk gaun aboot the bit,
But the meenit ye tak tae yer bed,
(Wi' rinnin' nose, an' achin' head)
No a sowl ye see, tae moan yer lot –
They're oot o' range, just like a shot!

An' then ye hae tae stan' the cures,
The pills an' potions, baits an' lures,
Tae cure yer plague, tae kill the germ,
That's causin a' its owner's herm.
There's cures that's safe, an' some gey risky,
For me nocht bates a drap o' whisky.

It's a gran' standby John Barleycorn,
It's great for systems auld an' worn.
The amber nectar, sae warm an' mella',
Is just the job for ony fella'
Wha's lyin' seek, wi' cursed 'flu –
'Guidwife bring up a dram, RICHT NOO!!!'

(Thru' the lips, an' ow'r the gums –
Look oot stummack, here it comes!!)

JOHN T. EDGAR
Newton Stewart

'IN ANE VICE...'

BAYONET PRACTICE

The English sergeant caws the section oot
n lines thum up aside the ditch n says,
'All haggis-bashers to the front and show
us poor peace-loving saucynicks that you'll
do any bleeding thing to get away
from Highlanders playing bagpipes.'

'Right youse!' the Right-Wee-Hard-Man says.
'C'moan wull show thae English bampots
whut it means tae wield the blade.'

Naff they go. Big Tam shouts, 'Gregalach!'
mindin thit the Rid McGreegor useti
yaze it in the Wizard every week.
'Up Bannockburn!' cries McKelvie fae
the Coaperative grocer's in Mulguy.

'Up Partick Thistle!' Right-Wee-Hard-Man snarls,
n goes in bums-up-heeds-ower-heels intae
the ditch. Thur is a momentary vision o
'is wee Scotch patriotic legs wavin
thur tackety boots afore they disappear,
glug-gluggin doon intae the English mud.

'War is Hell!' the English sergeant says,
naw thae English bampots start tae roll
aboot the grun is if they'd jist been
Killiecrankied bi invisible Heelanders.

BILL OLIPHANT
Coatbridge

FER MARTIN LUTHER, WILLIAM LORIMER
AND JOCK TAMSON

Hoo did the meenister aye speak braw?
An whit wis he cried? Ah mindna ava.
   Aince, lang syne, in ma halflin days,
   Ah spak wi the tung o thon angels seemin
   adrift in the auld reek, an aye shiftin
   on endless stairs tae the heichts, liftin
   the likeliest; speak posh, dinna be blate
   an ye'll flee up tae jine em, aye, singing praise.
   Werena we a maist perjink, aye dreamin,
   dwamin o hoo thae weel-spoken lads
   wid clap yer shouther, haud yer haun, cry ye brither?
   Aye we spak owre muckle, didnae hear
   furder ahint nor the thrapple, nor speir
   whit wis yon yird in the cloods:
   A we kent, it wis up we were gaein.

Wir dominie learned us the lives o the great
o lang syne. Ah mind o they . . . weel, some . . .
Hoo dae the dominies aye speak braw?
Whit bides wi me, noo that Ah'm auld an faw?
   Whiles noo, Ah mind o yon Luther, his screivin:
   Herken, ye priests, tae the bairn in the close,
   tae his mither at hame, tae the chiel at the mercat;
   they'll learn ye, yer buik-grubbit Latin is fause –
   eneuch o thon. Ye ken fine. Lord, Ah'll be deivin
   ye deif. Heaven forfend. Ah wis sayin?
   Whit happened? Weel, maist werena taen,
   leastways, no that Ah ken,
   amang the elect in thon braw airt.
   Whit rises, dads doun. Ye dicht
   yersel, it's no the end of the yird.
   Apin their blether! See yon Luther, he's richt;
   fitter an few, frae the hert's owrecome,
   the wards in the tung o men;
   an the skail's slaw, frae the fause grace.
   Ah ken ma ain leid. Ye'll tell me ma place.

Sic a hantle wards sin he's passed awa,
an naebody's telt me gif Luther spak braw.

KATE ARMSTRONG
Dundee

IN ANE VICE

Imaigine ye're five and slaiked dicht.
Speikin King's sudroun wi an Inverness tuin,
An a smatterin o the Gaelic frae mither.

Imaigine a playgrun in Springburn.
Weans runnin aw weys ahin high wa's;
Ye're staunin, sulliart as the Golden Age,
Till their words begin tae tash ye, like pouncione irns.

   'Ur you a good fighter? . . . . Feart?
   Ur ye . . . . . a Proddy?
   Yer da's no'? Fenian.
   Gie's haufers oan yer bridie . . . Naw?
   . . . Ah'll mollicate you son, so ah wull . . .
   Get right intae um Rab, goan
   Shut e's geggie, stookie um wan,
   Kick e's melt in . . . e's a crapper.'

Skailed an skulkin, ye learn . . .

   'AH' M NO SOT . . . YUCK IT.
                  They dae.

Imaigine ye're up at the College
Daein weill, History Students' President;
Addressin' the freshers.
   'So please do join the History Society
   You can't blame it if you hivnae went to anything.'
The professor upbraids ye, friendlyk in coorse.
Ye want tae kick e's melt in . . .

Imaigine a classroom o fermers' sins,
Near Banchory, Aiberdeen's hinterland.

   'Fit like then sur . . . foo ye deein?'

Ye maun can say, 'Jis chaavin awa . . .'
At the English teaching.

   'Fit why did ye no git a joab in Glasga then sur eh?
   Thur aw feal doon there, eh no sur?
   See you JIMMY . . . See you JIMMY . . . haw . . .
   haw . . .'

Ye wish he'd shut his geggie . . .

Imaigine ye're a bardie,
Struissling tae find yer vice in Scots;
An wunnerin whit the deil
Ye're clishmaclavering aboot.

TOM RAE
Aberdeen

DUNDONESE

Can ony o' ye tell me, please,
If ye side wi' me aboot Dundonese?
There's no' nae ither tongue eh ken
That pents a picter half as plen.
An affy lot could no' be said
Unless ye're Dundee born and bred.

There's contermacious, cundie, peh –
And whit'd we dae withoot 'Oh eh!' –
Then whit aboot a plettie, ken?
An' there's nothing half sae weet as *ren*.
There's wifie, bummer, piler, slop –
An' then there's aye the glottal stop!
It's only in the Dundonese
Ye hear o' Bet'y, wi' twa tees!

There's mair – eh've jist pit doon a few –
A' eh can mind o' – in the noo.
If someone says, 'You're from Dundee!'
Ye dinna need tae creh, 'Wha – me?'
Ye've jist tae speak, an' fowk can tell.
It's different – ach, ye ken yersel'!

SHEILA M. WATT
Dundee

THE MISSUS

It's nae 'at I mairriet a half-witted gowk,
It's jist 'at she canna spik Buchan;
She wis rear't aa panned-loaf b'twa Ed'nbra fowk
Bit there's fyles fin I canna help lauchin'.

I min' fine at the waddin', she steed there in fite
Fylst I gripp't the gowd ring in ma neive;
She near chok't fin she h'ard me, fair thocht I'd gin gyte
Fin I mumml't, 'Dyod aye, bit I div!'

We spint oor furst nicht wi' some freens in Corgarff
Jist ae nicht . . . fur I cudnae spare mair;
At the craft I haed chuck'ns, some dyooks an' a calf
A sheltie, twa kye an' a mear,

An, the Factor wis due in-aboot fur the rent!
A richt crabbit, ill-nyaitert, wee nyach!
Wi' the waddin's ootlay aa ma ready wis spent
Bit jist listen tae this fur a lauch!

I telt 'er tae gyang tae oor bunk, 'fore I left 'er
Fur I hid a byre tae git reddit;
Noo, the bunk's faur the maist o' ma siller's look't aifter
Bit fan I gat back hame . . . she wis beddit!

She's aye hairpin' on hoo, 'Ehdinburgh's ehlite!'
Bit I'm telt 'at it reeks lik' a lum,
Jist ae caistle aye lowerin' ower half o' a street
Fylst we've Fyvie, Dunnottar an' Drum!

There's a sicht mair tae Buchan than Lallanders ken,
Tak' fairmin' an' fishin'. Noo, ile!
Some bra-biggit hooses an' Persley Den,
Balmoral an' Peterheid jile!

Fin she spiks hich-n-michty, wi' 'at look on 'er face,
'At's fin she plays 'er trump-caird;
She pits aa they taffy-nibbed ginks in their place
An' the fear o' Auld-Nick up the Laird.

Noo, she's gettin' the hang o' the North-East tongue
Lik' 'Skirlie', 'Dumfoonert' an' 'Swyes'.
Bit I trust 'at she'll ayewis spik posh an' hich-flung
Fin cuttin' Their Nibs doon tae size!

CHARLES H. BAIN
Bishopbriggs

SADUGS LIFE

Djay waanta dug?
Whitkinda dug?
Snalsashinpup.
Whit's up wayit then?
Nuthins up wayit hen!
Howdjayno waantit well?
Ahdae waantit hell!
Bitits mama.
Yerma?
Mama. Bludy boot!
She says ahvgoatae
Pitit oot.
Sarer dug bit!
Nma besfren.
Hownothen jisyoo
Sling yerma
An keep the dug!
Aye . . . . . ah wish.

JOSEPH ROONEY
Glasgow

THE SCOTS CURSE

May yir wurzel aye be manglet,
an' yir milk keep turnin' soor.
May yir schauchle ayewis trauchle
in the glaur an' in the stoor.
   May the heather an' the bracken
   burst in flames alang yir glen;
   an' the bogles moan an' scuttle
   a' aboot yir but-an'-ben.
May yir sghian dhu git bluntit,
an' yir dirk jam in its sheath.
May yir philabeg git bugs an' flees,
an' whitivver's unnerneath.
   May yir bannocks aye git burnt,
   an' yir chimley choke wi' soot.
   May yir girdle git a' twistit,
   an' yir peat fire aye gang oot.
May yir parritch aye be lumpy,
an' yir matches aye get damp;
an' whin yi play the pibroch
may yir fing'rs seize wi' cramp.
   An' when yi wauken in the mornin's
   Wrappit in yir philabeg;
   May yir thatch aye spring a leak,
   an' may yi aye pee doon yir leg.

   That'll be a shillin'!

BILL THOMSON
Edinburgh

'LOWSIN-TIME...'

MORS AGRICOLAE

He drove a pair o Clydesdales in the pleugh,
Escortit wi a clood o skirlin maws,
An turnt a furr o stibble straucht an true
Tae lay it bare tae wintry froasts an thaws;

He rugged ther reyns tae rid them o ther tids;
An slapt ther rumps tae rise ther dander up;
His flytin frichtit houlets fae the wuids
an sent the yowes aa scamp'rin tae the tup.

The wather's guid, an aabody's that thrang:
Ther's broken dikes tae men', an dung tae skail;
Twa muckle stirks an cauvin queys tae gang
Tae merkit fur the special back-en' sale . . .

Guidman, gie in; it's lowsin-time: fur there,
It's Daith that's sleepin, cow'rit, in yer chair!

JIM MOLLISON
Irvine

THE TRUE PATH

I hae nae fears o' future life
   Spent in sweat o' fiery hell,
For I've been canny a' the whiles
   An' kept masel' intae masel'.

When Ian, ma neebor's son, was caught
   For stealing whit he could hae bocht,
I wasnae ane tae criticise,
   I didnae gie the lad a thocht.

And Jean, ma youngest sister's dochter,
   She had her greetin' wean unwed,
I widnae gie the jaud a haun',
   I ken the way the true path's laid.

On Sunday when the plate comes roon'
   I thank the Lord that I can gie,
And' wi' a flourish o' ma haun'
   I place therein ma pennies three.

It's surely, noo, I hear ye say
   'My, but she's a grand auld dear'.
In truth the whispered voices say
   'Maybe she'll no' see next new year!'

DREW MOYES
Ayr

NOT PROVEN

They bide oor pass'n,
Gawkin wi blint, blind een,
Peer'n fae the safety o' limp wires,
Spread as thick as drooked rags:
Loup'n, faw'n, spluttern, spew'n,
And peck'n the hard metal ribbon.

But as ain they rise:
Specklin the sky.

And we see it tae,
The muckle kinnen wi dart'n deeth ahent,
Bare as a streak o' white bane,
Movin as ain across the feedle.
Lank'n up and burl'n doon,
Sharp richt and sharp left;
Then back afore us a'
Skirlin through the lang stems,
Skittern ower the stubble,
Storm'n the deid leaves:

And they bide aloft,
Gawkin wi blint, blind een.

It ends in the gush'n cundy;
A bloody squirk.
Somewhaur alow the draigelt she screams,
Her warm fur fooshtie,
Her young yins forgot.
A caw that caws deep in the sleep'n brain,
Bit'n at the weest soul.
She screams again, then whist: nae mair.

Wi blank gawkin een they gar us gang,
And settle as a coort o' bleck-gooned doomsters,
Happy at the thocht o' pick'ns.

JOHN M. WYLLIE
Clachan

THE SHEPHERD

Niver in aw his saxty fower year
had 'e lain atween white sheets.
Noo, luiked efter b' lasses, young
like's ain gran bairns, he
wunners, aye churnin it ower,
whit wey he cam tae lose 's fit-hauld,
scrabble on the slatey scree abune the bank,
his crook fleein oot o'is haun.

The gimmer had bin ower near the brink
but 'e couldna dae for her
whit 'e couldna dae for 'is ain sel.

Little thocht he when 'e cut it
that 'is guid stick, stoot an strang,
wad no be there when he'd sair need.
For want o' it he'd rummelt an tummelt
doon intae the spate o' the burn,
bin duntit frae stane tae stane
near droont in the flude, and
spewed oot at the hinnerend
when the burn had duin wae 'im.

Aye, aye, – the thochts gae ower an' on
birlin roon in 'is hild – birlin roon.

Auld Meg they'd fun cooryin intae 'im,
roostie wi barkin, they said.
Meg – aye . . . . . a grand lass,
she'll miss 'im, . . . puir bitch.

ANNIE CAMPBELL
Paisley

THE BLESSED FAULD

Yestreen ma saul wan hame,
wan hame tae Bethlehem
an' O, that airt wis braw –
a siller sternie hing
i' the braid loof o' the sky
abune the wee bit byre;
a' doon, cam drifflin' snaw
tae smoor ilk cratur thing.

Yestreen, ma saul wan hame,
wan hame tae Bethlehem –
bit O, ma een were sweir
tae glisk the King o'men;
atour ma heirt there lay
a wecht o' dreid an' wae
for I wis feart tae speir
whit wisnae mortal ken.

Yestreen ma saul wan hame,
wan hame tae Bethlehem;
His caunles were the fey
an' lowein' een o' kye,
sae doucely kneelin' by;
His incense bit the wersh
an' caller reek o' strae.

Yestreen ma saul wan hame,
wan hame tae Bethlehem –
I socht the Blessed Fauld
for sainin' an' for grace;
tae see the Haly Bairn,
ma stoondin' heirt wis crouse;
His lauch garred Sin turn cauld,
the Warld's hope in His face.

ISOBEL G. STEWART
Alloa

DOORS

Matron bent n turnt
the haunle. a caught
sight ae tentit feet
silent pavillion
bineath the sheet
ma Ma's rimains.

shi sayd things liftin
back the sheet. delicit
cauld shi left us ti
wundermint turnin noo
ti grief. wi grippt
the haunle but
let it slip. an wi went
n gret.

grey oan the pilla er wave wis
natchril. eyes black-glittert
a blank rifusal ti shut
difyin yir man n thaht
up therr offrin
furgiveness
fur aw thaht hassle.

a ferrly miss the wahrm
skelp ae er tongue.

LEONARD S. QUINN
Uddingston

MAN N BOAY FLYIN

The auld man gledly slipped awa
n taught issell tae fly. 'e learned
bi casually steppin aff
a cliff edge n ignorin
the habits a gravity.

'e soon fun' thur wis nae need tae
flap is erms n pey attention
tae the theory a flight ur
the laws a erra-dynamics.
Whut 'e did wis done fae inside.

The wee boay in the Glesca bed
gret until the greetin stoaped
nan auld man flew intae the room
n luftit um n sade, 'C'moan
n ah'll teach you the wey tae fly.'

N they flew high intae the night,
furrit n back, n looped the loop,
n huvvert. He liked the huvvern best.
The terrible pain in is back went away,
the cigarette burns wurny sore.

Ablow, the lights i the city bleezed
n fireflies danced a'weys.

BILL OLIPHANT
Coatbridge

THE 'GUID' AULD DAYS

The win' blew snell frae oot the East
   An' Tam was at the plou;
A day for naither man nor beast,
   The sowl was droukit throu.

By noon, he lowsed an' hameward gaed,
   The horses got their corn;
The folk a' fed, the maister sayed,
   'Quat plouin till the morn!'

'It's no' for horse oot there, at a',
   The wather's faur ower rouch!
Jist tak yer graith, Tam, work awa
   An' scour the aidle sheuch!'

JOHN BOYD
Newmilns

A BLINK O'TIME

First it wis a seedlin'
keekin' fae the grun'
Syne a scraggy saplin'
strugglin' tae the sun.

Time saw it a green tree,
tall an true o grain.
Aa that leeve maun aa dee.
Yae day it wis gane.

DAVID KERR
Armadale

GLOSSARY

aidle sheuch *cowshed drain*
airt *place*
anent *concerning*
atour *around*
ayont *beyond*

baikie *ash-pan, refuse*
beck *stream*
bidie-in *confinement*
bield *shelter*
biggin *building*
birl *spin*
birselt *scorched*
black-broukit *soot-covered*
blate *backward*
bourrachs *masses*
breenge *dash*
büddie *creel*
buik-grubbit *book-quarried*
bumbazed *bewildered*
bummer *bumblebee*
bunk *bank*
burlin *moving rapidly*
but-and-ben *two-roomed cottage*

caller *fresh*
canny *lucky*
cantraips *magic spells*
cark *anxiety*
carl-doddies *mock duels with plant-stalks*
cassie *pavement*
cat-siller *quicksilver*
cauvin *calving*
chaavin *working*
chappt *knocked*
cheeper *kiss*
cheepie *nestling*
cleckin *gossiping*
clishmaclavering *idle chatter*
clootie rug *patch carpet*
col the hye *cut the hay*
contermashious *perverse*

coorie *nestle*
cooterin *cosseting*

dads *thuds*
dander *spirit*
daub *puddle*
deaves *deafens, irritates*
dicht *tidied, wiped clean*
dimskaart *twilight*
donnerin *stupefied*
dookit *pigeonhole*
doulies *spectres*
draigelt *muddy ditch*
dreein *suffering*
dreich *dreary*
drooked *soaked*
duddies *clothes*
duffed *stood up*
duntit *bumped*
dwamin *dreaming*
dyooks *ducks*

eela *rod-fishing*
ettled *desired*

fashed *worried*
fauld *fold*
faw *faded*
feal *half-witted*
feedle *field*
fey *fated*
fimmer *trip lightly*
fite *white*
flaffers *flaps*
flann *gust of wind*
fleits *floats*
flirr *rush*
flochtersome *excitable*
flutter-by *butterfly*
flytin *cursing*
fooshtie *mouldering*
forfochen *exhausted*
forleit *forget*
forrit *forward*
fyles *times*

gart *caused*
gawkin *gaping*
geggie *mouth*
gimmer *ewe*
ginks *foolish persons*
girn *complain*
girs *grass*
glaiket *foolish*
glaur *mud*
gleid *live*
glisk *glimpse*
glumphed *scowled*
gowk *fool, cuckoo*
graith *possessions, implements*
gurly *bad-tempered*
gyte *mad*

hairst *harvest*
halflin *adolescent*
hantle *large number*
happit *covered*
hash *uproar*
hinnerend *far end*
hippens *nappies*
hornie-golach *earwig*
hornshottle *disordered*
houlets *owls*
howders *staggers*
howe *hollow, depth*
hunker *crouch*

ilka-day *everyday*
ill-teen *obstinate*
in-bye *land nearest farm buildings*
intimmers *intestines*

jalouse *suspect*

kailed *fed*
kinnen *rabbit*
kirn *churn*
kishie *basket*

laich *low*
lankin *moving rapidly*
laverock *lark*
leid *tongue*
ley *meadow*
lift *sky*
ligg *lie*
loof *palm of hand*
loon *boy*
lowein *glowing*
lowerin *looming*
lown *calm*
lowpit *jumped*
lowsin-time *work ended*

maik *halfpenny*
manky *filthy*
maws *seagulls*
melt *spleen*
mirligo *dizzily*
mollicate *destroy*

neeps *turnips*
neive *fist*
noost *shelter*
nyaffs *obnoxious persons*

ocht *anything*
oorie *dismal*
orra *occasional*

panned-loaf *'posh'*
peesies *peewits*
peh *pie*
perjink *trim, neat*
piler *home-made cart*
plettie *stair-landing*
pouncione-irns *torture implements*
preen *pin*
press *cupboard*

queys *heifers*
quine *girl*

raikin *working*
rax *strain*
reddit *tidied*
reek *smoke, vapour*
reeshlin *rustling*
ren *rain*
rivlins *sheepskin slippers*
roostie *hoarse*
roup *sale*
rugged *jerked*
runkle *wrinkle*

sainin *blessing*
sappie *beatific*
sark *shirt*
scart *scratch*
scoories *young seagulls*
scouk *hide*
screivin *writing*
scunner *sicken*
seichan *sighing*
sey *colander*
sharn *dung*
shauchle *shuffle*
sheltie *Shetland pony*
shoogly *wobbly*
shoormill *foreshore*
siccar *secure*
skail *spill, dispersal*
skailed *released from school*
skelpt *slapped*
skinklin *sparkling*
skirlie *fried oatmeal and onions*
skirlin *shrieking*
skite *strike*
slaiked *wiped clean*
smoor *smother*
snecked *locked*
snell *bitter cold*
snowkin *nosing one's way*
sonsie *handsome*
soor dook *buttermilk*
sough *sigh*
speiring *inquiring*
squalloch *shriek*

steerin *stirring*
steik *close*
stirks *bullocks*
stoondin *stunning*
stookie *stiffen*
stour *dust*
struissling *struggling*
stushie *commotion*
sudroun *southern*
sulliart *bright-coloured*
swaws *waves*
sweir *loath*
swyes *girdle-brackets*

taffy-nibbed *toffee-nosed*
tash *assail*
teem *empty*
thole *endure*
thrapple *throat*
thrang *busy*
thrawn *stubborn*
tids *moods*
tiggy *tantrum*
timmed *emptied*
tine *lose*
trachle *trail, weary*
trammul *restrain*
tryshtin *coaxing*
tup *ram*
tysties *guillemots*

vice *voice*
vrought *worked*

wabbit *exhausted*
wal *well*
wame *belly*
wersh *tasteless*
whaups *curlews*
whilie-syne *erstwhile*
whist *hushed*
wumman-lowpars *lechers*

yett *gate*
yird *earth, land*
yowes *ewes*